JN410788

고공 김리원 팅영시집 03

삼현의 대화

김리원
지음

이화문화출판사

삼현의 대화

◎ 77수 : 5547자

ⓒ 영혼청풍박사 고공 김리원 2015

초판발행 : 2015년 9월 30일
재판발행 : 2015년 10월 30일
지은이 : 영혼청풍박사 고공 김리원
010-8896-8698
발행처 : 이화문화출판사
서울시 종로구 사직로 10길 17(내자동)
02-738-9880 (대표전화)
02-732-7091~3 (구입문의)
02-725-9887 (팩스)
www.makebook.net

기획편집 : 박휘종 | 디자인 : 모유정

ISBN : 979-11-5547-186-9 04810
979-11-5547-184-5 04810 (전3권 세트)

정 가 : 9,000원

※ 이 책의 내용을 무단으로 복사 또는 복제할 경우, 저작권법의 제재를 받습니다.
※ 잘못 만들어진 책은 바꾸어 드립니다.

★… **영혼의 시집은 남자 얼굴 칠성 여자 얼굴 칠성을 위시하여 해원·해탈·환생을 요해 칠칠로 시를 씀** …★

祝 辭

2015년 9월

서예종정 운학 박 경 동

영 축 사

세계 인류 역사 최초로 새로운 학문적 가치가 성립되는 영혼에 대한 문학적 장르로 영혼을 위한 고공 김리원(古空 金利垣) 영령시인의 산문시로 이미 2천여문을 영작하였으니 축하를 드립니다.

이어서 제3집 출판에 영축사를 드리는 것은 1994년 5월 10일 당시 무변대사님의 영통직지로 선포함에 큰 인연이 되었고, 그로 인하여 세계 영지는 탄생되었으나 영혼에 대한 문학세계가 영혼의 시집으로 탄생됨은 세계인류사 최초임과 같이 우연이 아닌 필연적 사필귀정입니다.

고공 김리원 영혼 영령시인의 제3집 축사는 인류사에 오로지 이 세계인류의 영혼의 구원을 위한 큰 뜻으로 알고 앞으로 미래에 영적 세계를 더욱 공고히 하여 영혼의 분과가 이로 하여 고공 김리원의 영혼의 박사에 새로운 길을 열기 위한 힘찬 영령시인에 더욱 빛나는 신령스러운 영시가 탄생하는 수천 수만의 시의 길이 열려지기를 영축하는 바입니다.

2015년 9월

前 대전대학 대학원장 성사 방촌 임 균 택 철학박사

시 禮 讚

수행생활 반백 년이 넘도록 영가에 대한 천도의식과 조상님들께 제사와 사회적으로 추모행사, 영가에 대한 위대한 업적을 기리려고 세상에서 수많은 선지식인은 물론 모두가 끝없이 영가에 대하여 어떤 예로서 영가를 모시고 영가에게 어떤 방법으로 접근하면 영가와 더욱 가깝고 친밀할까, 2천만 년 동안 고민이 아닐 수 없었는데 최초로 영가님들의 해원·해탈·환생을 위한 시를 올린다니 고공 시재 김리원 시인의 무궁한 발전 기원드리며 영가와 사람을 똑같이 생각한다는 것은 차원이 다른 영혼의 세계를 터득하였음이고 영가와 대화하며 시를 쓰다니 더욱 시찬을 아니 드릴 수 없습니다.

2015년 9월

탄운 무 진 본 대선사

詩　讚

인쇄업을 수십 성상 하면서 영혼과 대화의 시를 쓰고 영혼이 환생하되 성현님의 자격으로 이 땅에 오시라는 간절한 지구촌 안민을 위하는 정신이 뚜렷하며, 영혼의 환생시가 이땅에서 출발하여 전 세계에 알리고 영혼과 사람이 둘이 아님을 가깝게 느끼도록 영혼님의 환생시는 아주 가치 높은 철학이며 진리라고 생각하며 종교를 초월하고 사상과 이념 세상에 국경을 초월한 영혼 환생의 시는 전세계에 빛이 날 것이며 반드시 지구촌에 전쟁과 불행을 없애는 신념의 시이며 영혼 환생의 기도가 아닌가 합니다.

2015년 9월

이화출판사 대표　인쇄종정　이 홍 연

詩 頭

1, 2, 3집을 세상에 새롭게 령영님네의 차원 높은 뜻에서 받들어 산문시로 올리다보니 령영님께서 한치의 그르침도 없이 빛의 새로운 가르침, 공기의 새로운 가르침, 생명과 행동의 차원이 다른 또한 그 세계를 산문시로 읊어드리는 뜻이 일체의 한을 품어 버리시고 빛의 환생인 지구촌에 성현님으로 초대하리라는 꿈을 안고 이렇게 시글을 올립니다….

2015년 9월

영혼청풍박사 고공 김 리 원

목 차

목 차

삼현의 대화

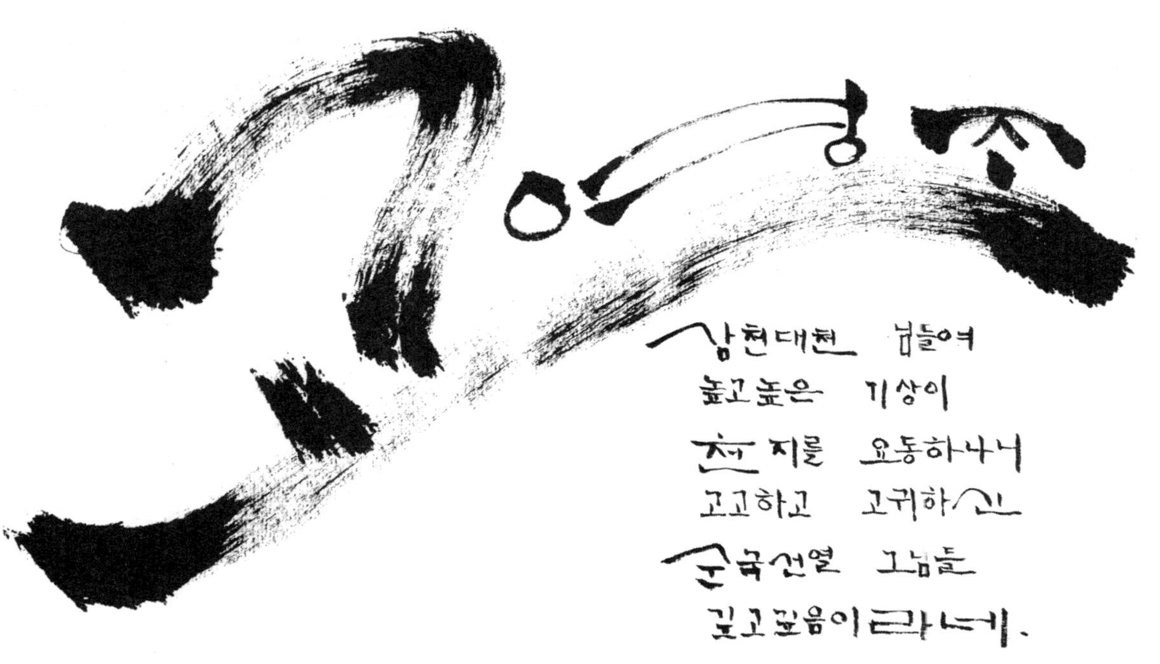
삼천대천 넘들여
높고높은 기상이
천지를 요동하나니
고고하고 고귀하신
순국선열 그님들
깊고깊음이라네.

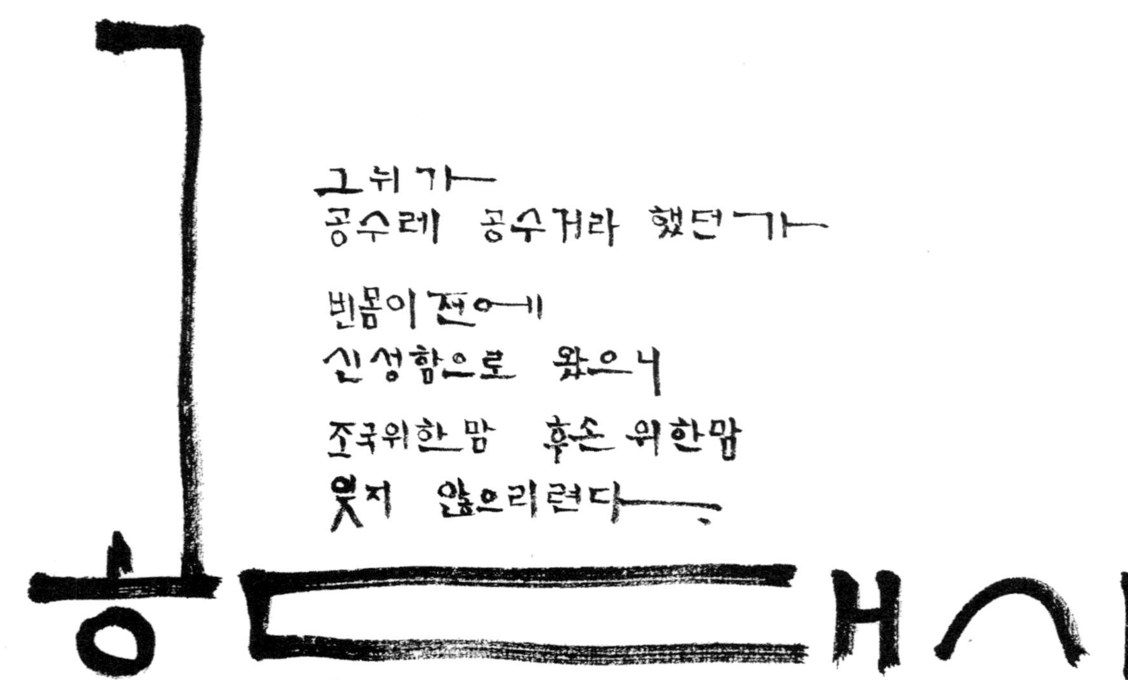
그뉘가—
공수레 공수거라 했던가—
빈몸이 전에
신성함으로 왔으니
조국위한 맘 후손 위한맘
잊지 않으리련다—

시조영

밝게 비추소이다
하늘도 기쁘고 기뻐여
온누리 음률의 노래로

세월의
조상님이시여
시간의
증조님이시여
허공의
영혼님이시여

재생명

한줌의 재로 남았네

뭘그리 서러워 했던가
뭘그리 그리워 했던가
뭘그리 애태워 했던가
뭘그리 가지려 했던가
뭘그리 미워하려 했던가
한줌의 재가 될것을...

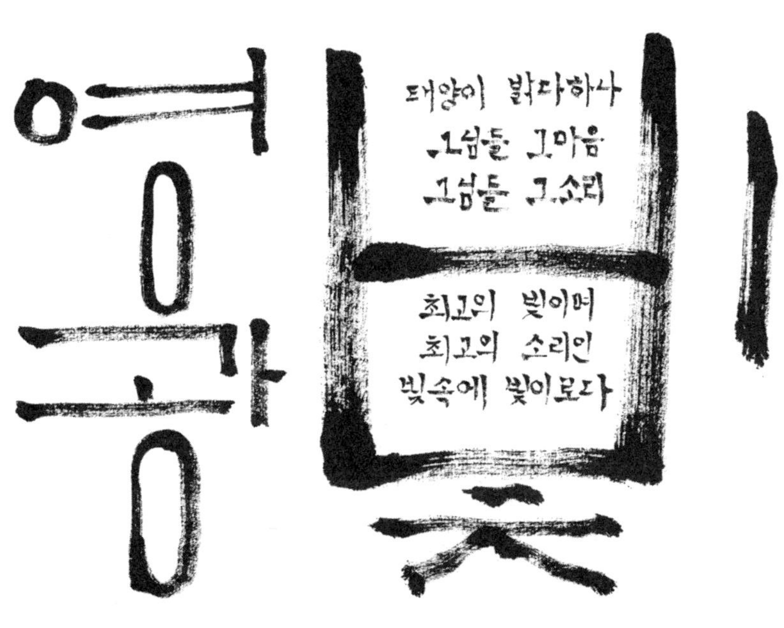
태양이 밝다하나
그님들 그마음
그님들 그소리
최고의 빛이며
최고의 소리인
빛속에 빛이로다

영혼

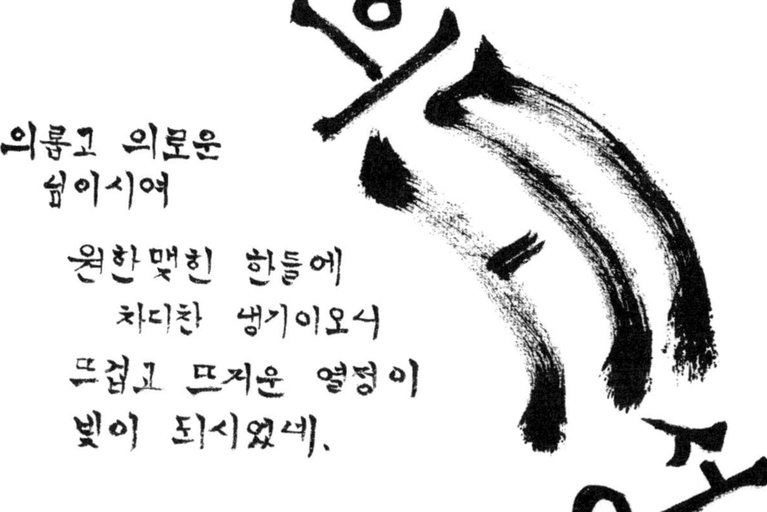
의롭고 의로운
삶이시여
원한맺힌 한들에
차디찬 냉기이오시
뜨겁고 뜨거운 열정이
빛이 되시었네.

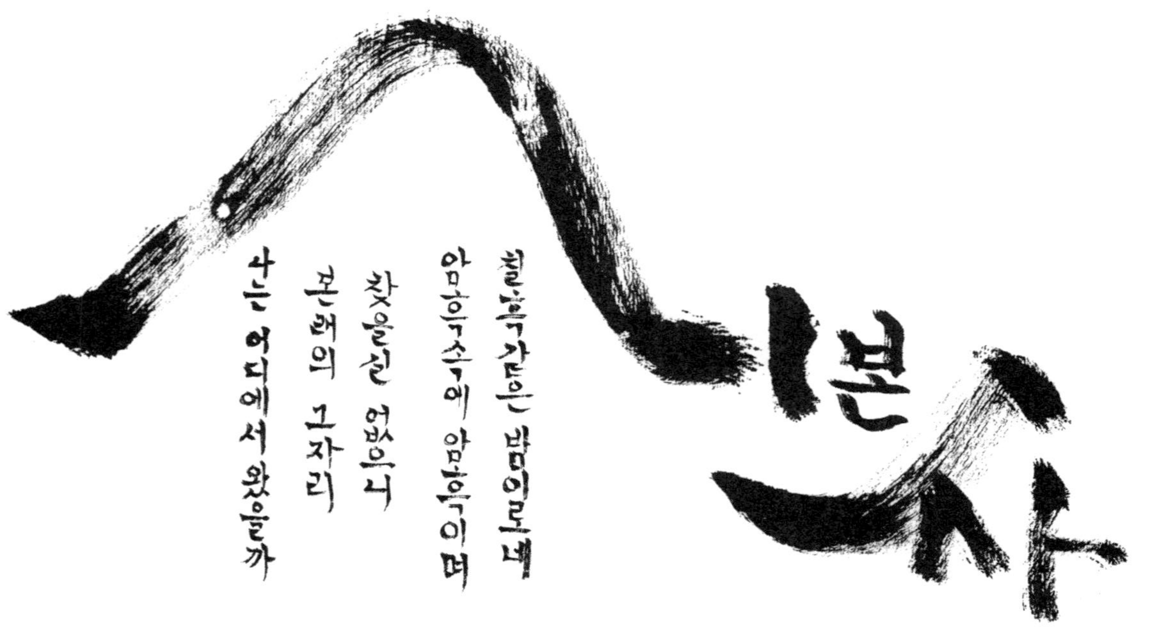
본자
밝음가운데 밝음이고
암흑속에 암흑이며
찾을길 없으니
본래의 그자리
나는 어디에서 왔을까

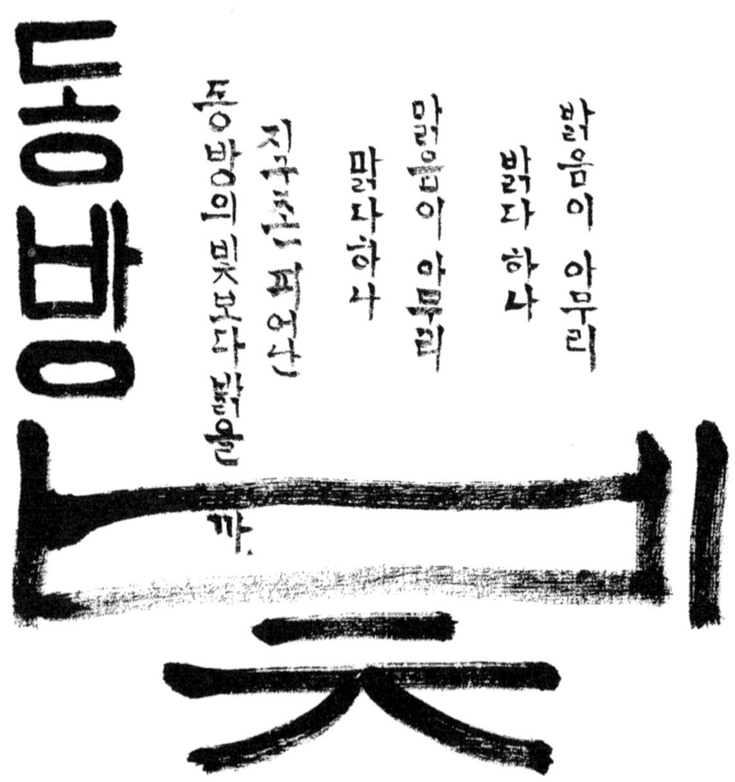
동방
빛
밝음이 아무리
밝다 하나
맑음이 아무리
맑다 하나
지구촌 피어난
동방의 빛보다 밝을까.

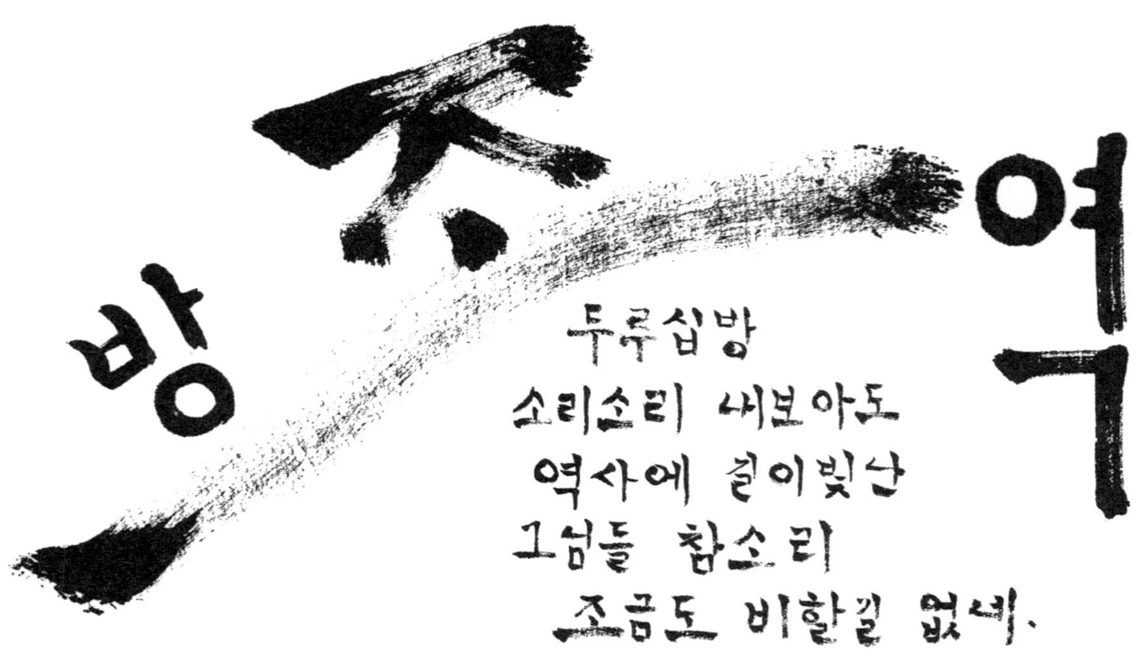
두루십방
소리소리 내보아도
역사에 길이빛난
그님들 참소리
조금도 비할길 없네.

에너지

지구촌 에너지
은하계 에너지
세계의 에너지

삼천대천 에너지
삼라만상 에너지
이모두의 에너지
그님들 뜻이로다.

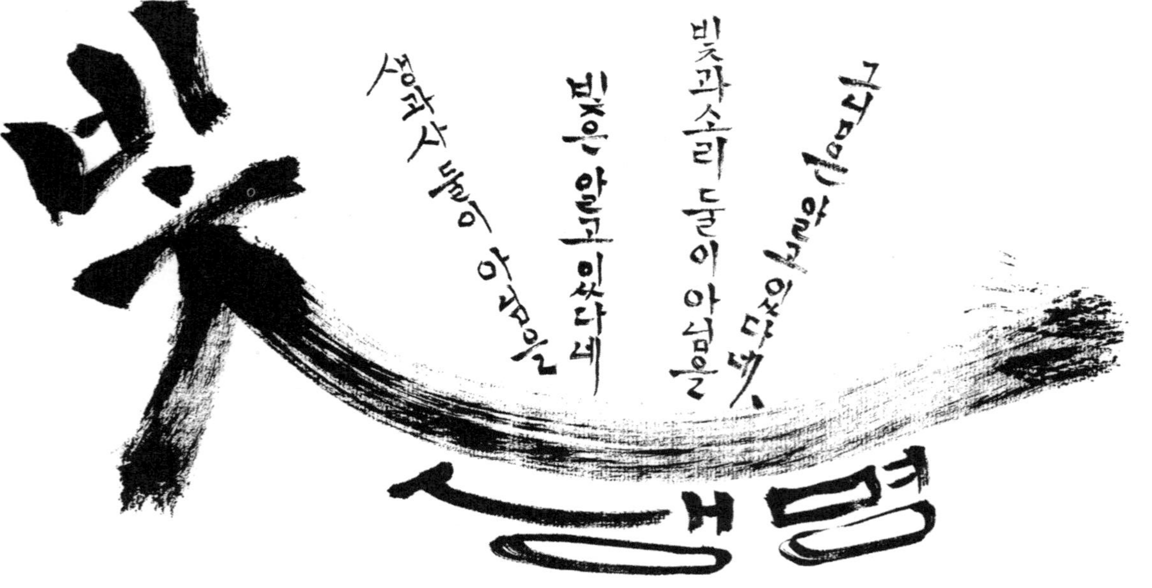

고욤은 알고 있었다네,
빛과 소리 둘이 아님을
빛은 알고 있었다네
생과 사 둘이 아님을
빛
생명

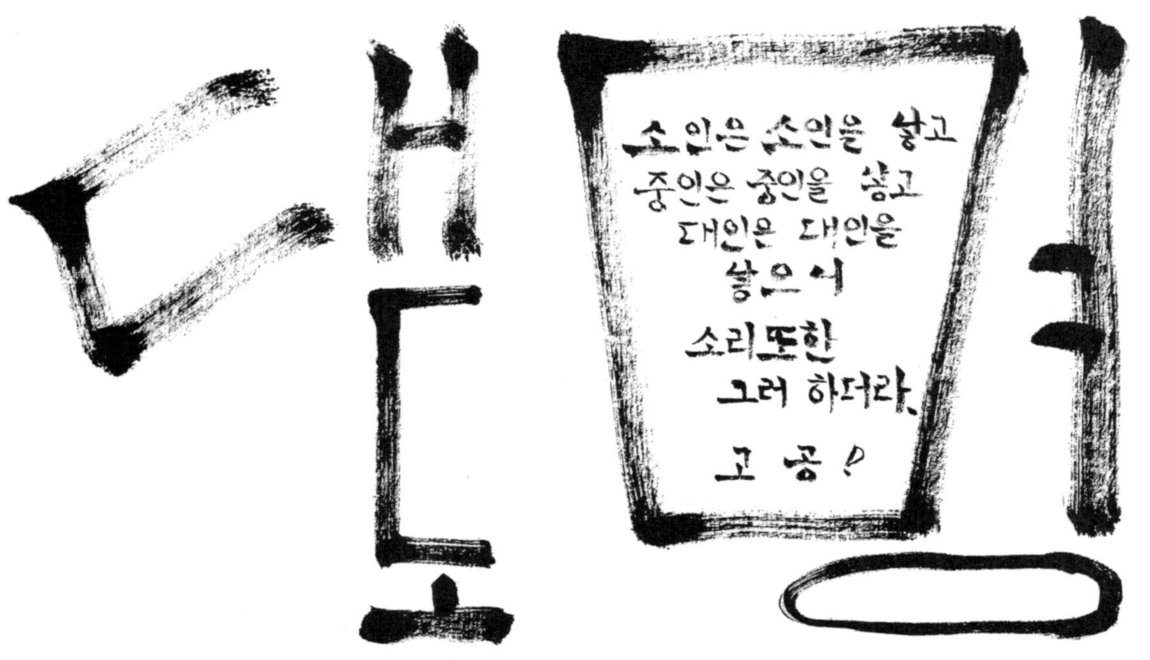

소인은 소인을 낳고
중인은 중인을 낳고
대인은 대인을
낳으니
소리또한
그러 하더라.
고공!

한시영

많은 세월
가는길 걸림되며
수많은 인연
미혹하게 하니
영혼님이시여
밝고 맑은빛 비추소서.

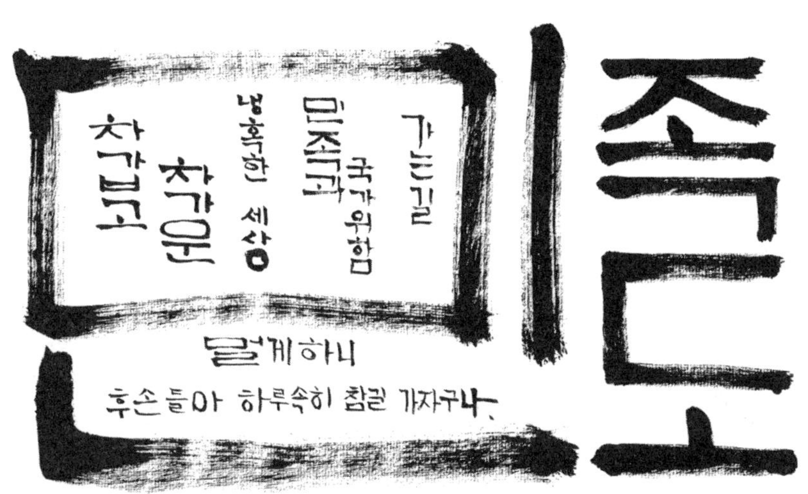
족
가는길
국가위함
민족과
냉혹한 세상
차가운
차갑고
멀게하니
후손들아 하루속히 참길 가자구나.

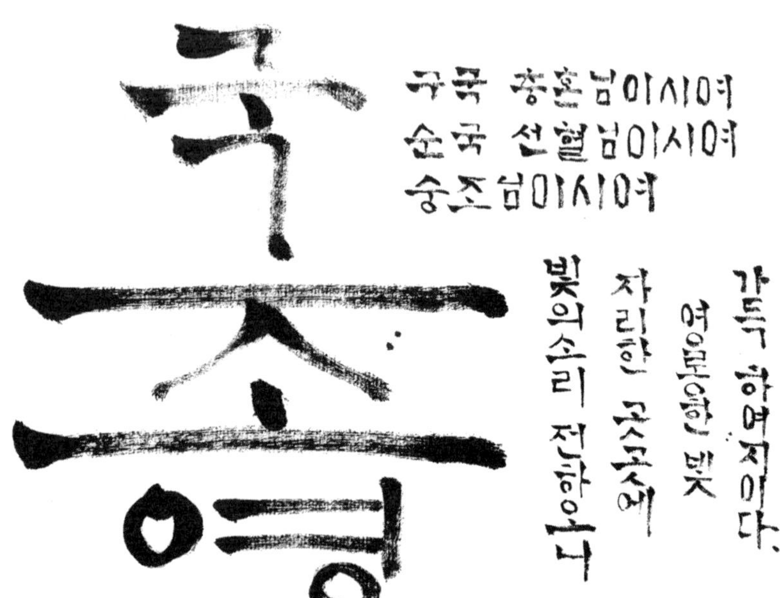
구국 충혼님이시여
순국 선열님이시여
숭조님이시여

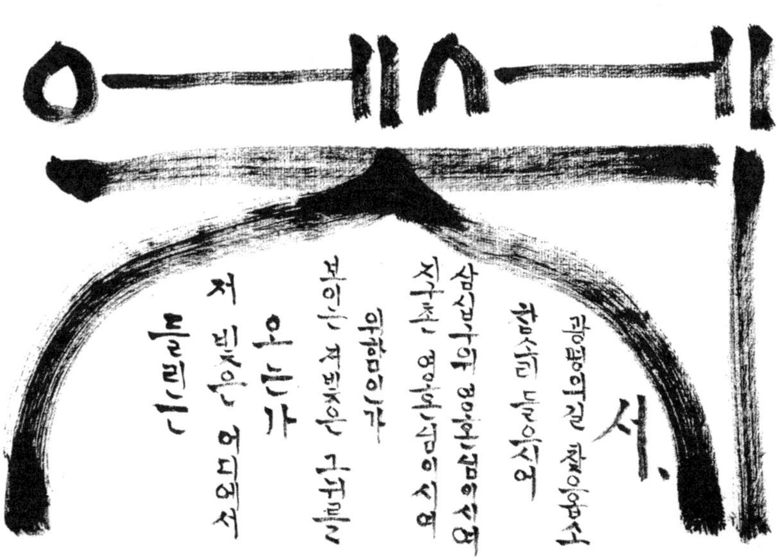
서.
광명의길 찾아옵소서
오는가
저 빛은 어디에서
들리는

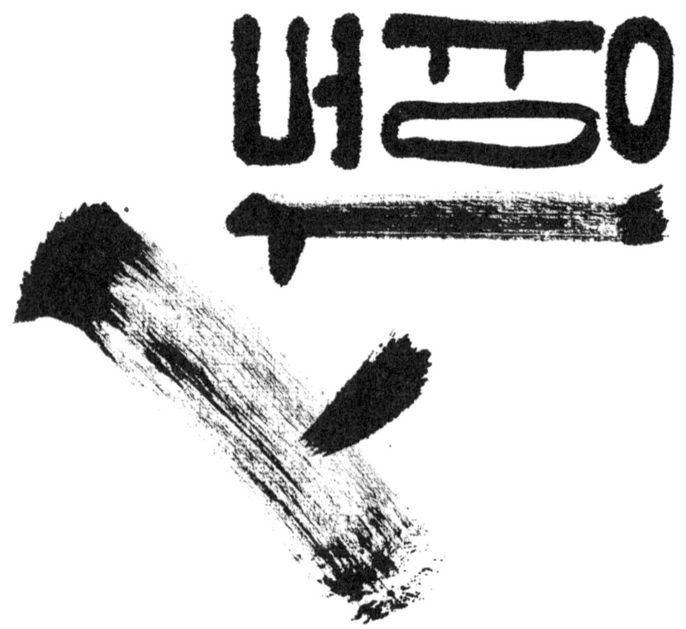

인명지

세상천지
명없는게 어디 있을까
한에얽혀 한에서러
중음세계 떠도는넋
한시바삐 해원하여
참명 찾아 가려네.

류성각

주홍빛 되시었네.
어느새
냉가슴속
차갑게 얼어붙은
전하오나
빛의 소리
인류죄조
영혼님이시여

최고의 소망이고
최고의 축복이고
최고의 평화이고

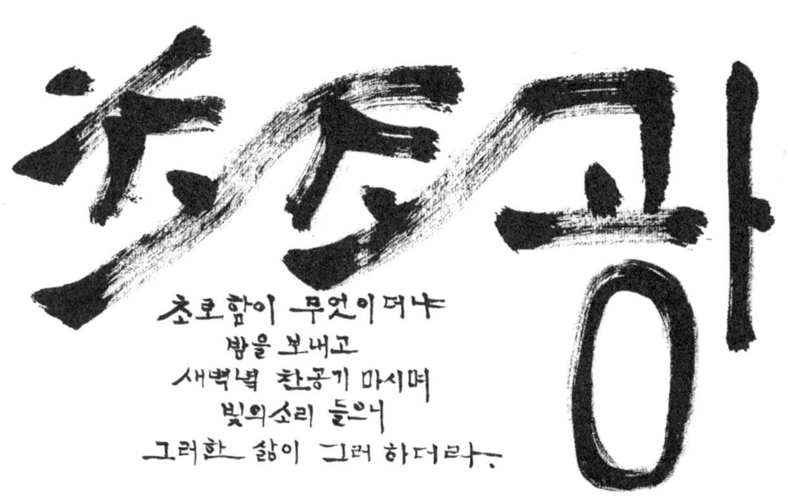
초롱
초로함이 무엇이더냐
밤을 보내고
새벽녘 찬공기 마시며
빛의소리 들으니
그러한 삶이 그러 하더라.

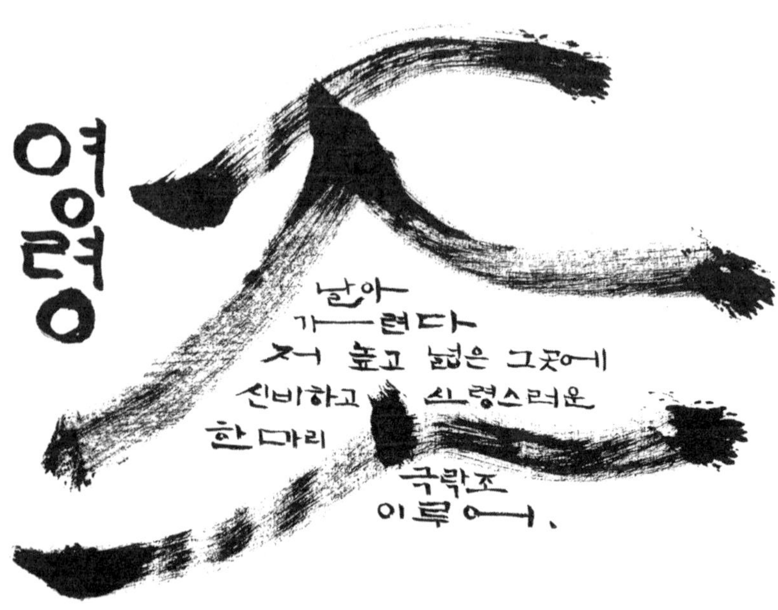
영령
날아
가련다
저 높고 넓은 그곳에
신비하고 신령스러운
한 마리
극락조
이루어、

광명이더라.

후손들앞날이

온힘을 주시니

영혼님 그소리

밝은빛 주시고

영혼님그소리

상 영 명

참도 거짓도 없는
분별 없는 삶

그님들 그뭇이
그러 하였네.

신생각
보아도
볼수 없으며
들어도 듣지 못함은
미혹에 가려 있음이라네.

믿 지덕

조상님들 지극정성
후손님들 예뻐한 맘
참지혜 주시어
참복지게 하시니
오늘의 기쁨이 나눔이
덕이 모였네,

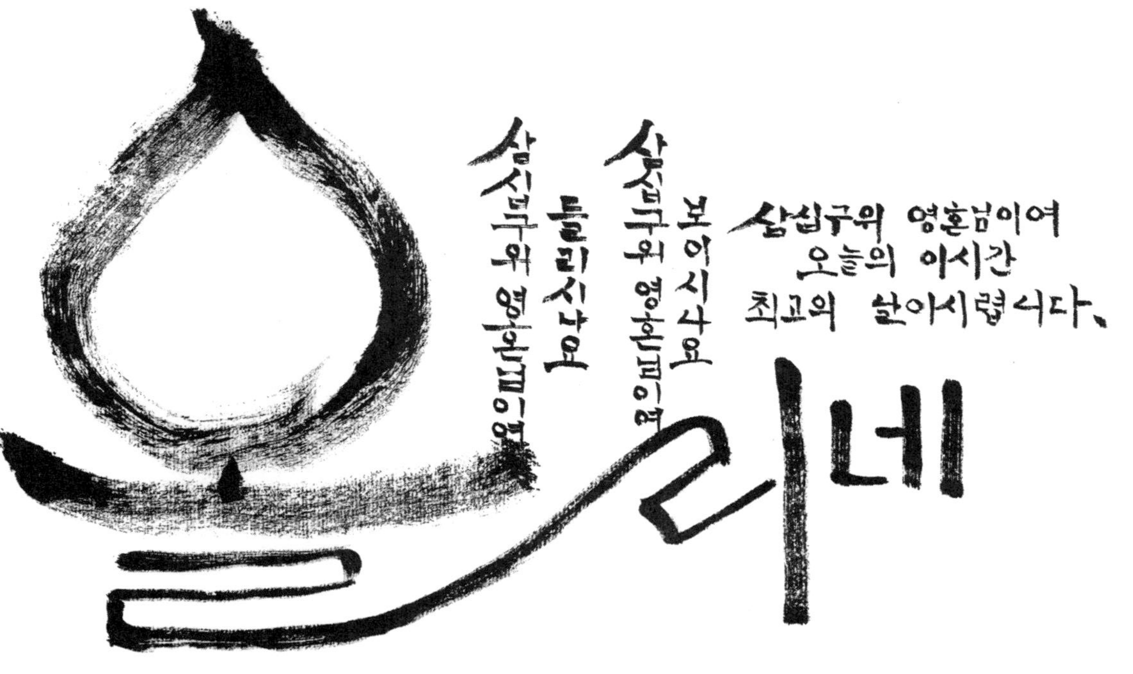
들리시나요
삼십구위 영혼님이여
보이시나요
삼십구위 영혼님이여
삼십구위 영혼님이여
오늘의 이시간
최고의 삶이시렵니다.

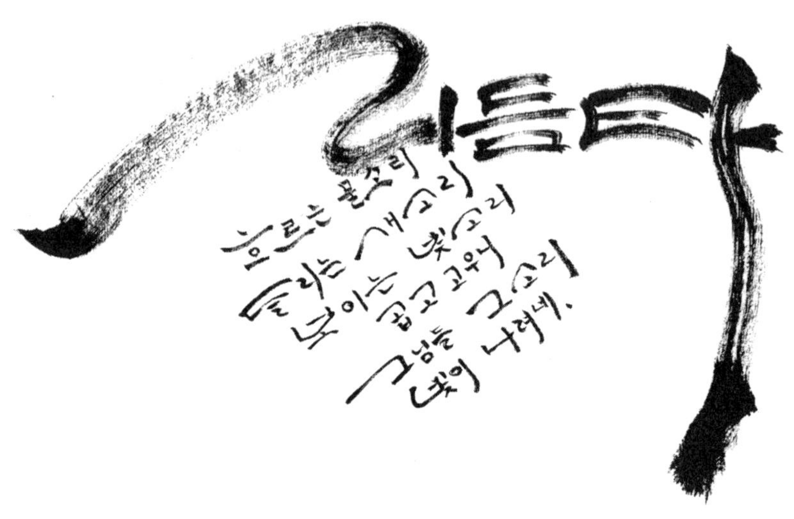
그립다
흐르는 물소리
들리는 새소리

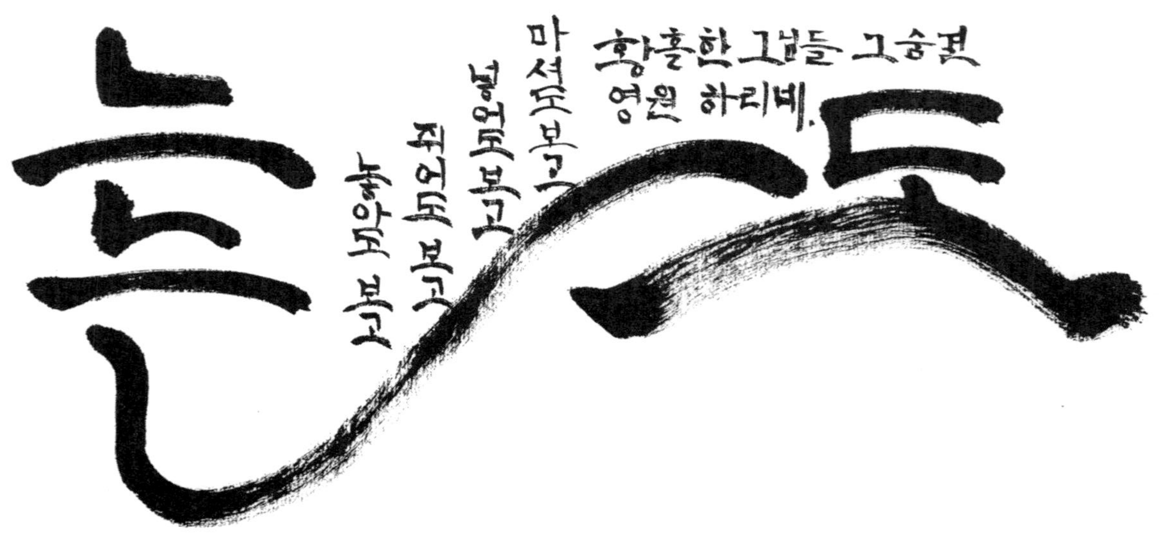
황홀한 그대들 그숨결
영원 하리네.
마셔도 보고
넣어도 보고
쥐어도 보고
놓아도 보고

공양
우주와 같은 그릇이
그와 같으면
공양의 그릇은

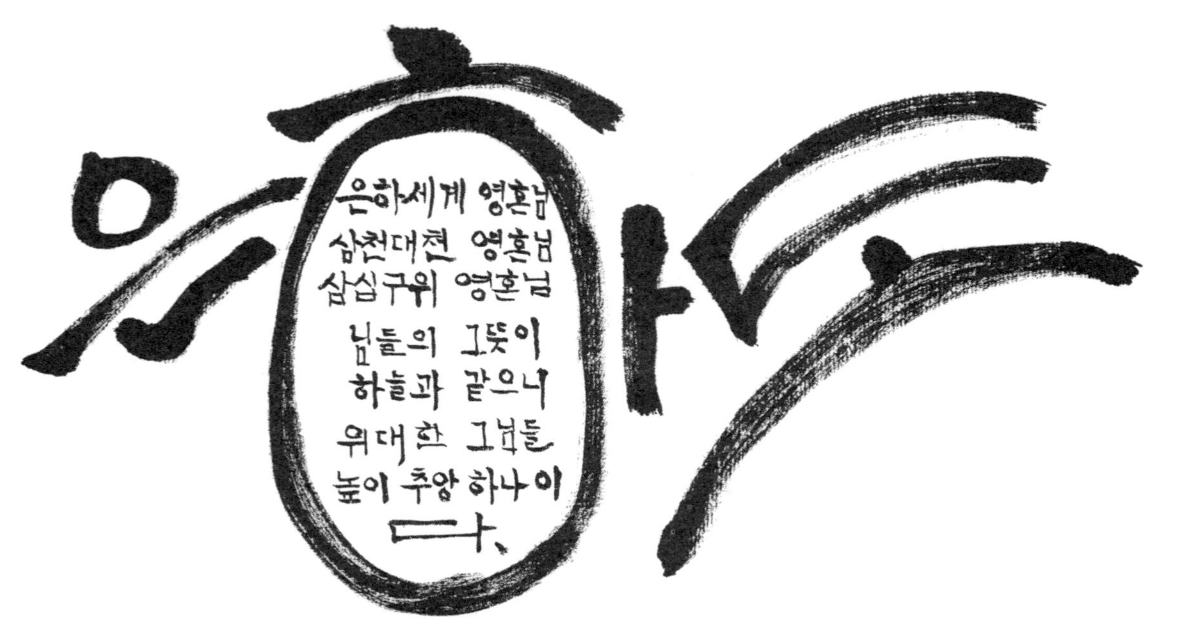
은하세계 영혼님
삼천대천 영혼님
삼십구위 영혼님
님들의 그뜻이
하늘과 같으니
위대한 그님들
높이 추앙 하나이
다.

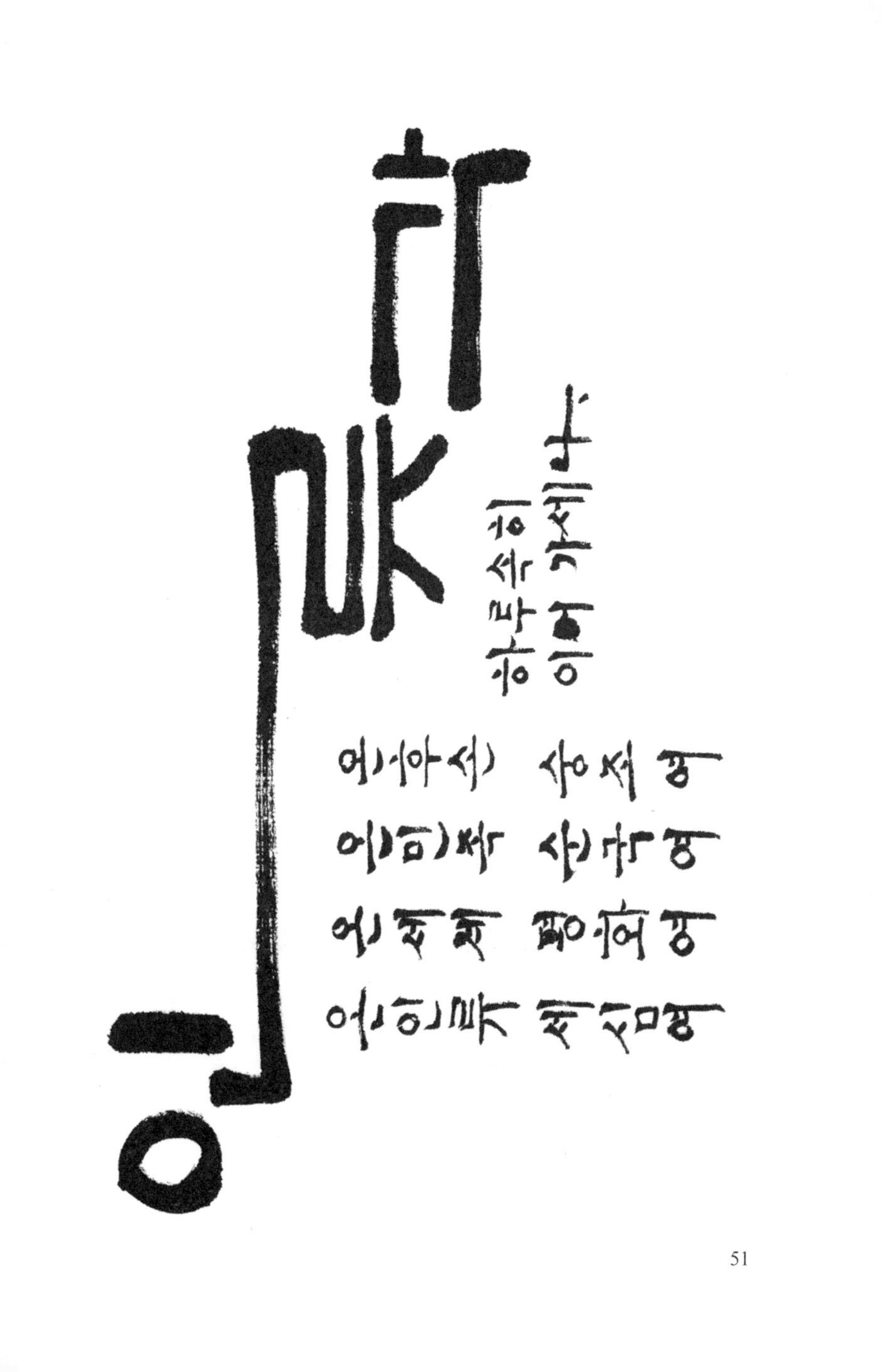

이곳도 아니요

저곳도 아니요

그곳도 아니요

돌고 돌아

돌아본듯

본래의 그자리

찾지 못함은

밤하늘 볼수 없음이네.

의시점
의로운분 왔는나
이시간도 기쁘어
청정하늘 님들며
세월간줄 모르네.

그님들 그품에
무심의 그자리
본래의 그자리
흘러흘러
이내몸 띄우련다
붙어라 바람아

광슬승

오늘의 기쁨이려네
황홀한 그날이

영혼의 기쁨 더하며
빛속에 빛이 발하니

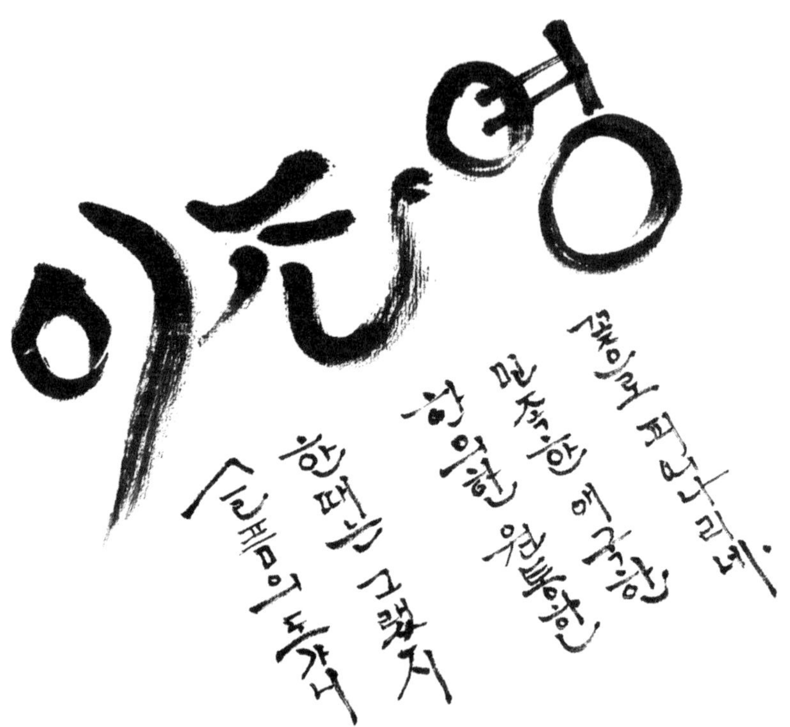
꽃잎으로 피어나리니.
한때는 그랬지
슬픔의 도가니

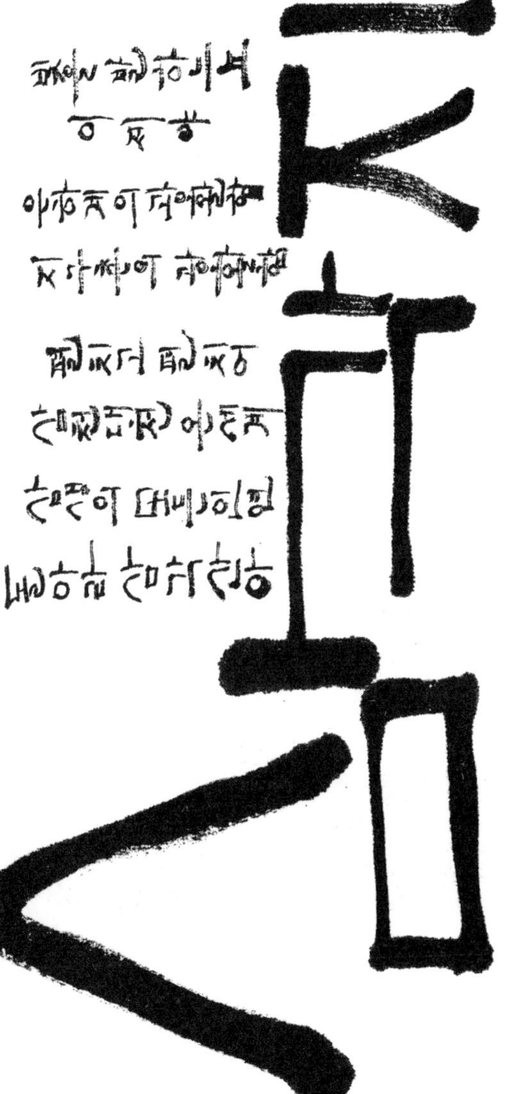

십이면 무엇이고
조이면 무엇이며
억이면 무엇일까
하루하루가
이리도
소중한걸,
십조억

억조창
수억광년 세월
수억광년 지구촌
수천년의 인연
이려니
그님들
그뜻이
밝고 밝음
이려네

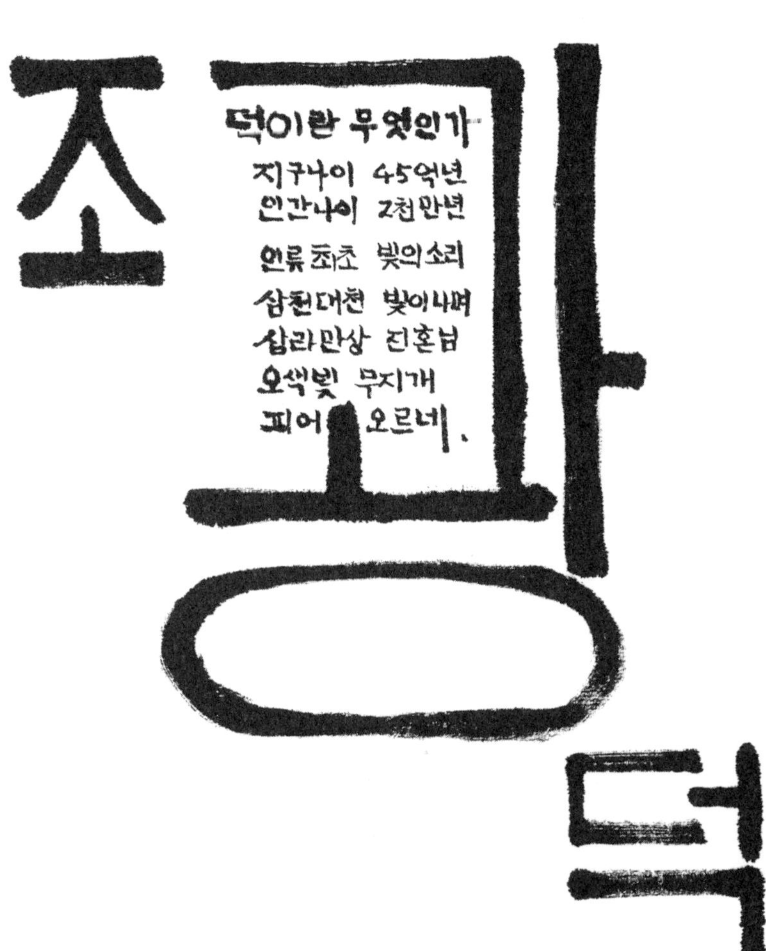
조광덕
덕이란 무엇인가
지구나이 45억년
인간나이 2천만년
인류최초 빛의소리
삼천대천 빛이나며
삼라만상 진혼넘
오색빛 무지개
피어 오르네.

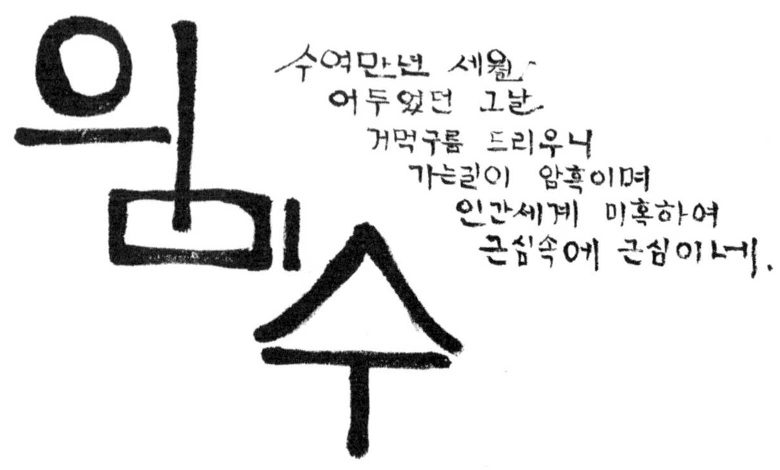
음수
수여만년 세월
어두웠던 그날
거먹구름 드리우니
가는길이 암흑이며
인간세계 미혹하여
근심속에 근심이네.

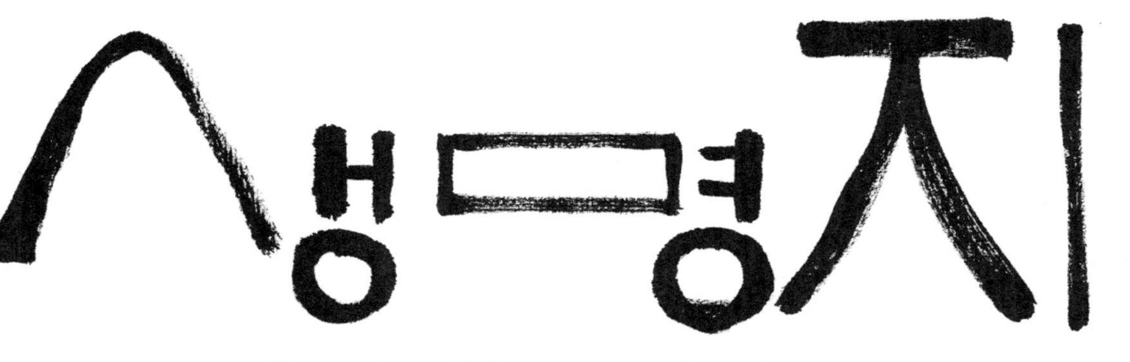

생에 집착하지 말며
명에 집착하지 말고
세월에 집착하지 마라
삼라만상 온원체
흐르는
물과 같다네.

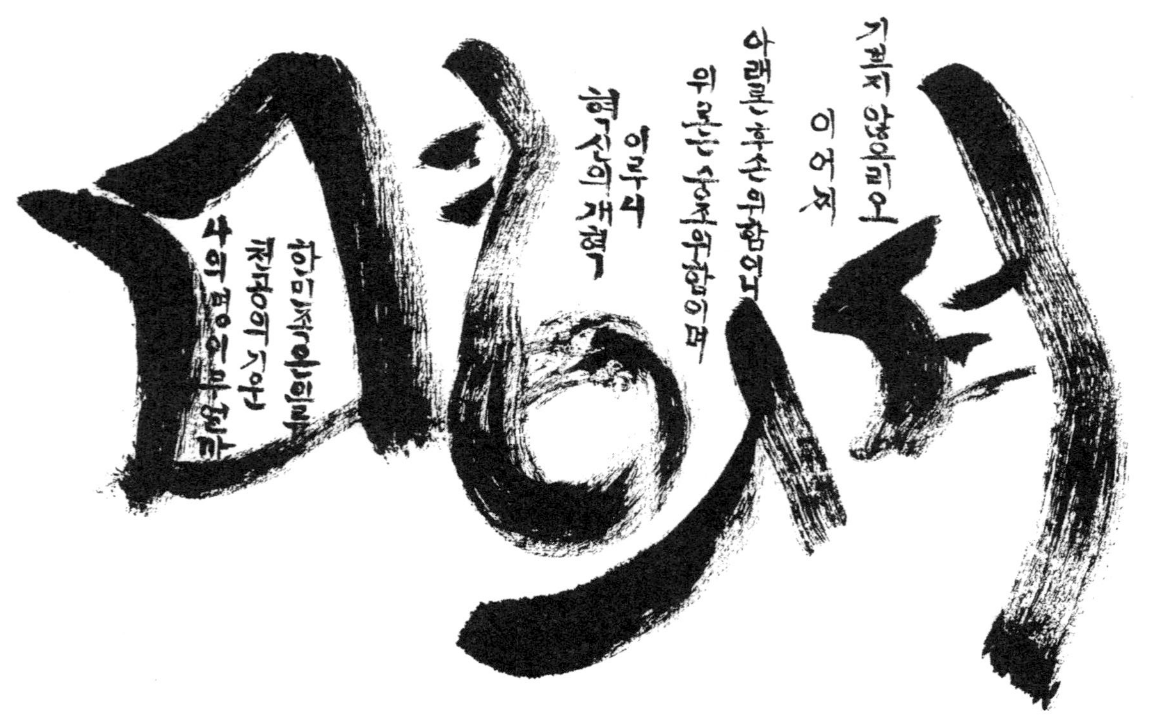
기쁘지 않으리오
이어져
아래로는 후손의 합이고
위로는 중조의 합이며
이루니
혁신의 개혁
한민족의 의미를
천공의 기운
사의 평온을 부른다

의지로

그님들 그뜻 이루어지시려네.

푸르름 차려하니

온산천 초목

생기 돋고

메마른 땅에

한울에 빗님이 오시니

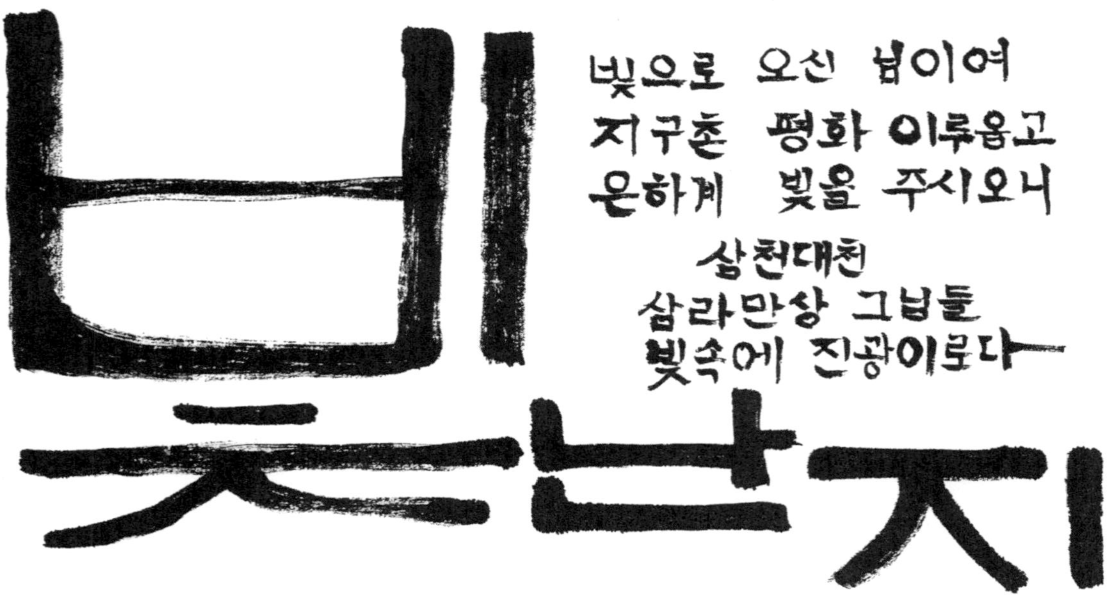
빛으로 오신 님이여
지구촌 평화 이루옵고
은하계 빛을 주시오니
삼천대천
삼라만상 그님들
빛속에 진광이로다

牛岩
黃天福印

이상의

한생각 한생각
버리지 못함은
참길 걷지 못하며
상속에 상없는자
참소리 듣지 못하며
이세상 기쁨을
어찌 보리오.

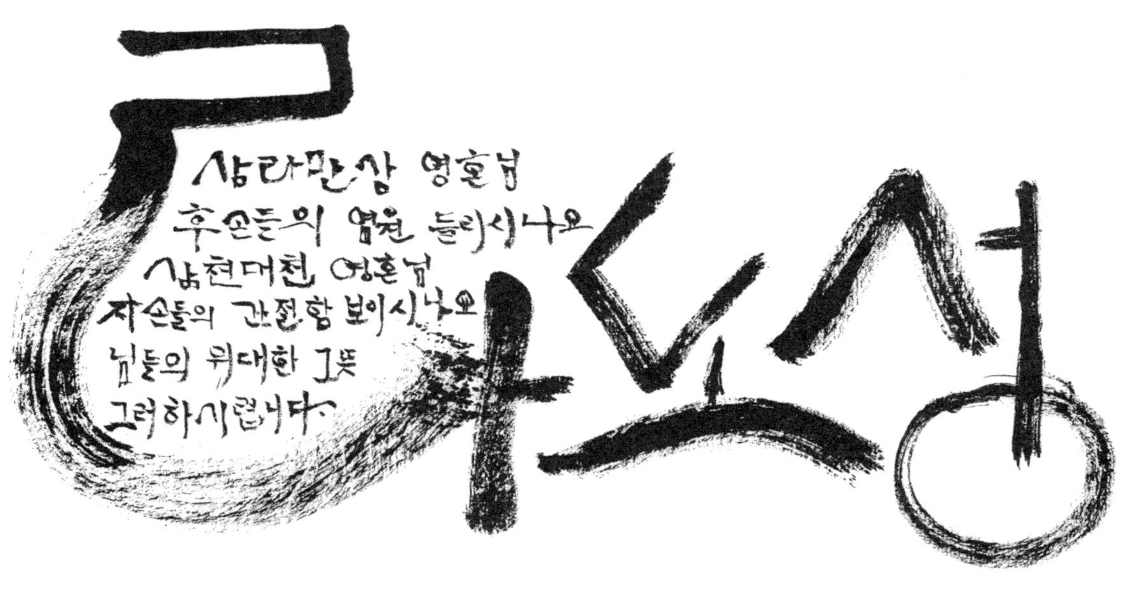
삼라만상 영혼님
후손들의 염원 들리시나요
삼천대천 영혼님
자손들의 간절함 보이시나요
님들의 위대한 그 뜻
그러하시옵니다.

고성에 고성 더하니
참길 찾기 어렵고
소음
욕심에 욕심 더하니
미혹하기 그지 없더라

다하다

다함이 무엇이며
못함이 무엇일까
다함속 못함있고
못함에 다함있느니
그님들 그뜻이
참도 이루오리
네.

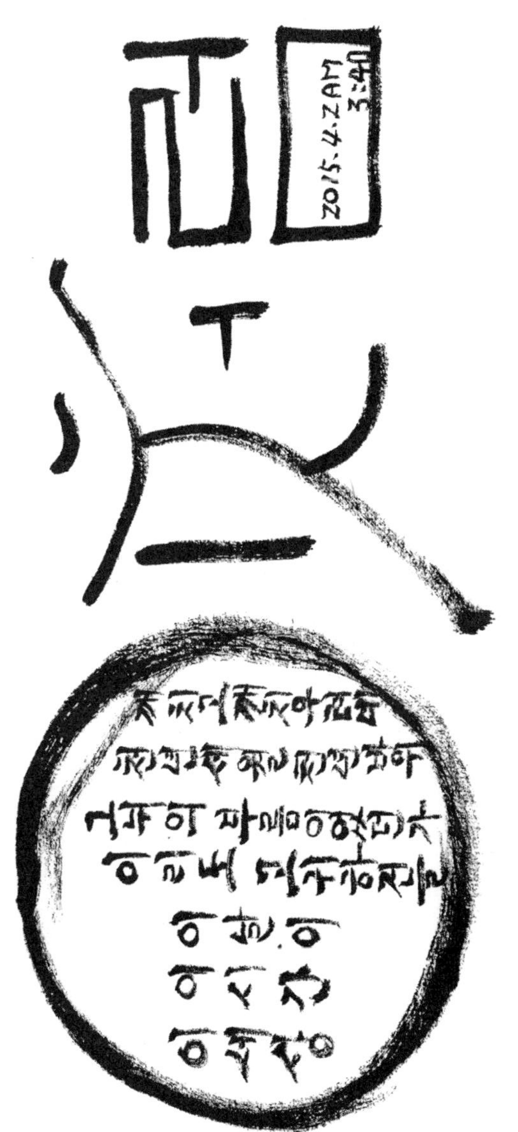
2015.4.2AM
3:40

꿈이란

그 누가 아리오,

광활한 빛을 주니

대우주 꽃송을 피워

은나라

무변 광대한

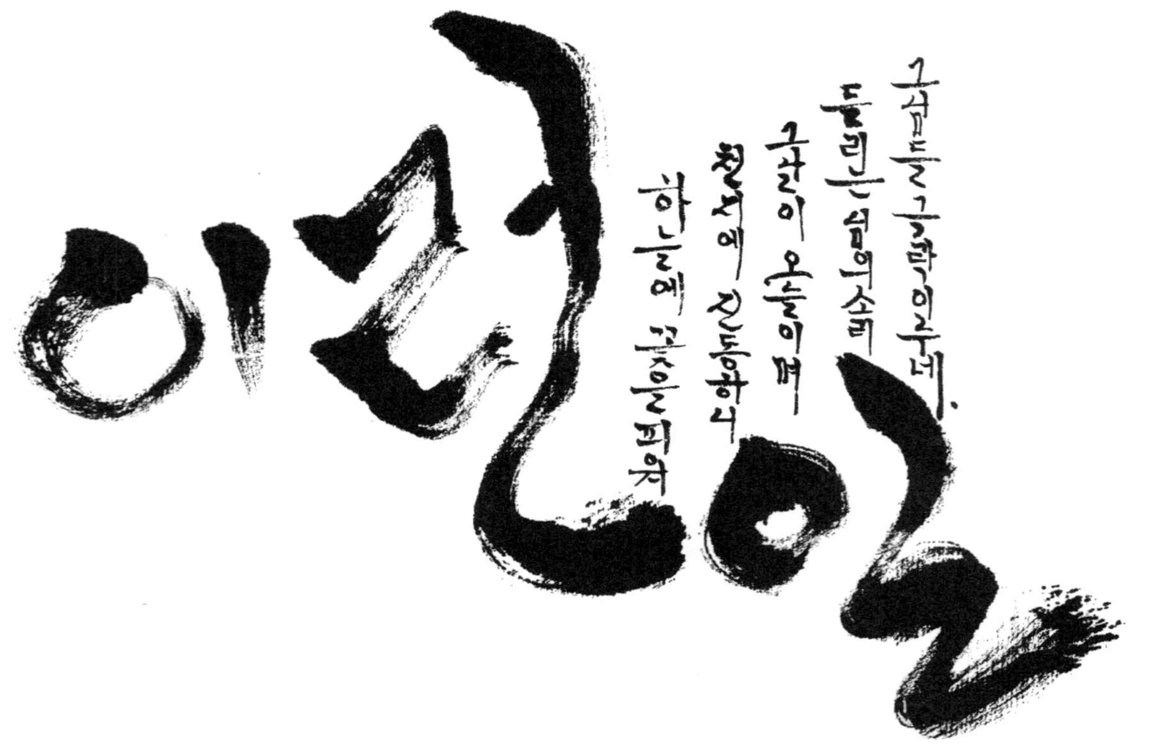
그섬들 그림이구나.
들리는 섬의 소리
그날이 오늘이며
천지에 진동하니
하늘에 꽃을피워
이런일

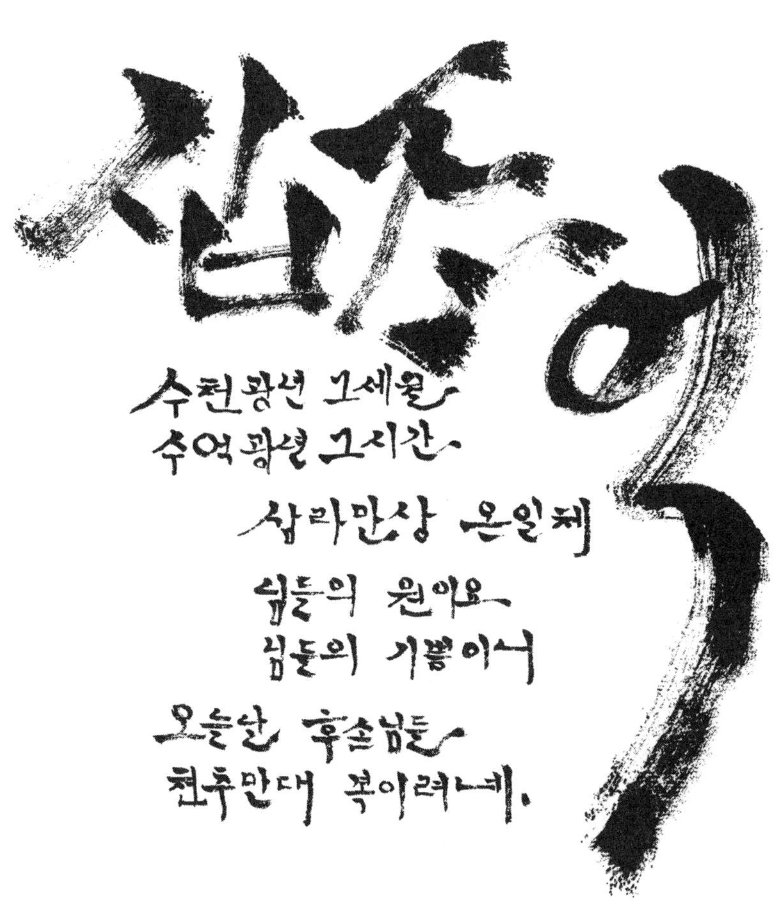
수천광년 그 세월
수억광년 그 시간
삼라만상 온일체
님들의 원이요
님들의 기쁨이니
오늘날 후손님들
천추만대 꽃이려네.

빛이시여
하늘 땅에 기쁨주시니
산과 들이 춤을 추며
고요한 그늘 그 향기
가득하리라네.

세기적

한세기 넘어
이곳에 왔으며

또 한세기 넘어
기적 기적을 일으켜
참빛 참소리 들으어
그님들 그품에 가려네

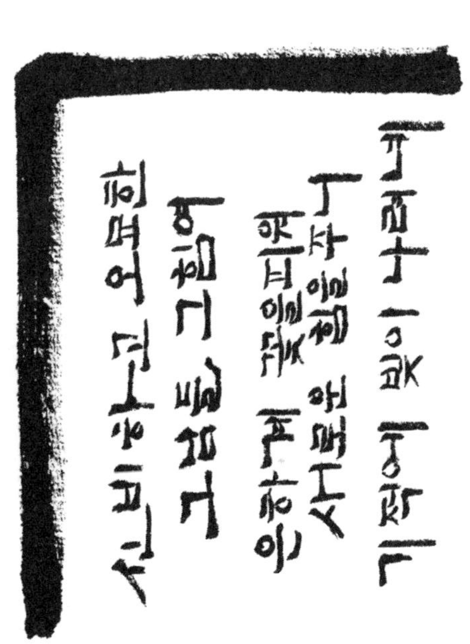

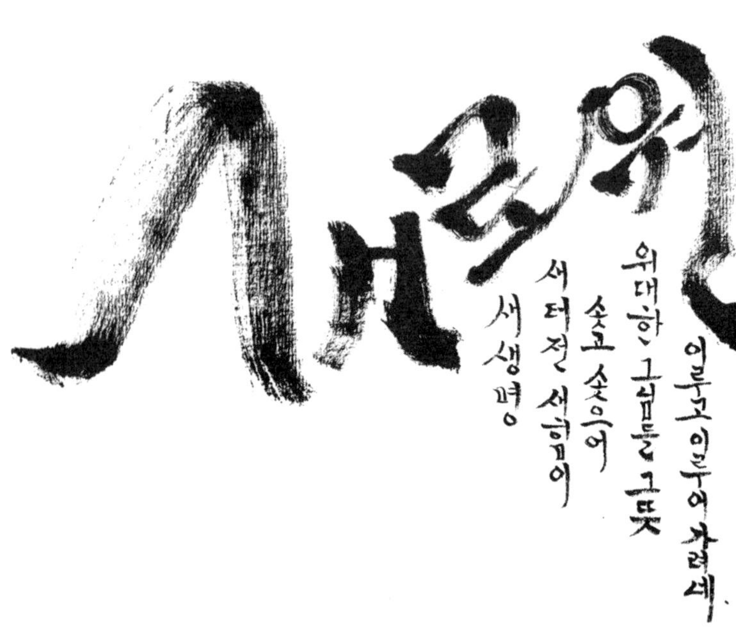
새 생명
서 터전 세움에
솟고 솟으어
위대한 그림을 그 뜻
이루고 이루어 가려네.

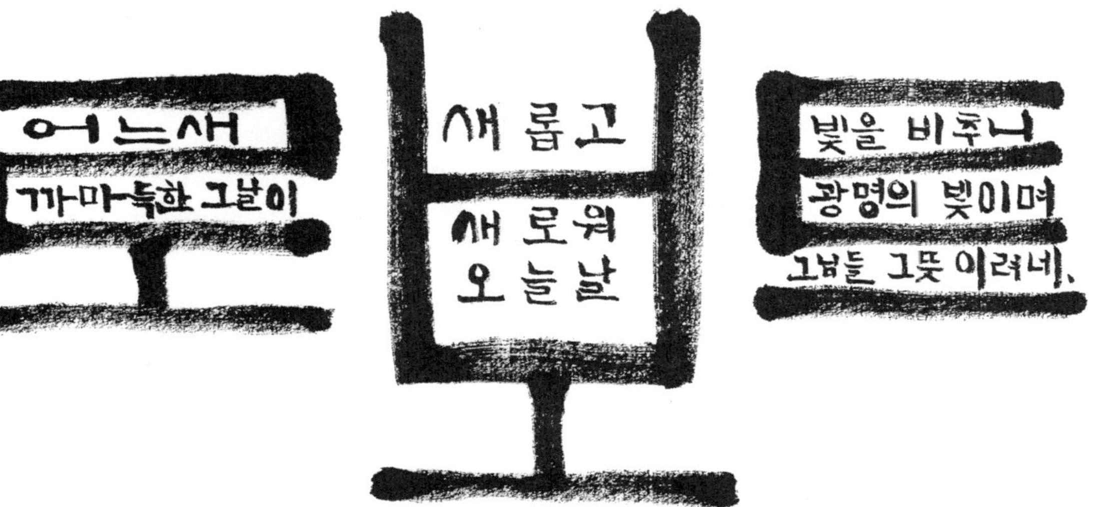
어느새
까마득한 그날이
새롭고
새로워
오늘날
빛을 비추니
광명의 빛이며
그님들 그뜻 이려네.

그리움따라 오셨음이려네.
하늘나라 선녀님
바람따라 오셨나
선녀님
하늘나라
오셨나
구름따라
선녀님
하늘나라

빛이라

나는 보았네
　그님들 그소리

나는 들었네
　그님들 그빛을

　님이시여
거룩하고 거룩하시어라.

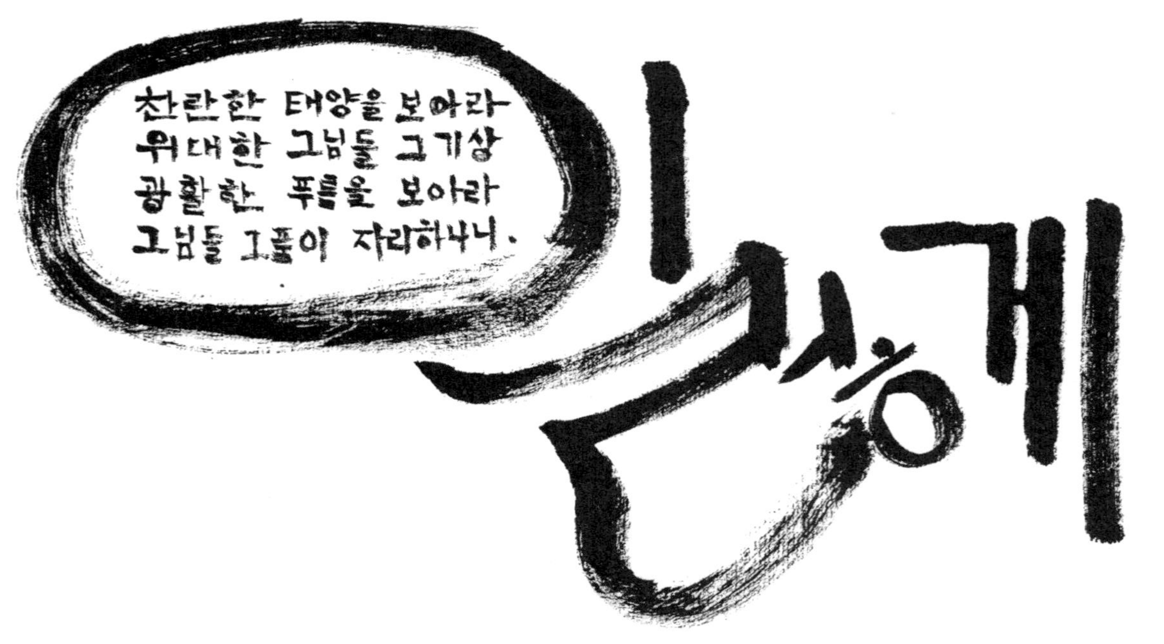
찬란한 태양을 보아라
위대한 그님들 그기상
광활한 푸름을 보아라
그님들 그품이 자리하나니.

끝이 보이지 않아—
그님들 고풀

수많은 사연
수많은 시련
수많은 고통이
이제는 떠나가네.

무량한 공이련네,
그립든 그 마음
그립든 그 자리
잡힐듯 잡히지 않는
보일듯 보이지 않는

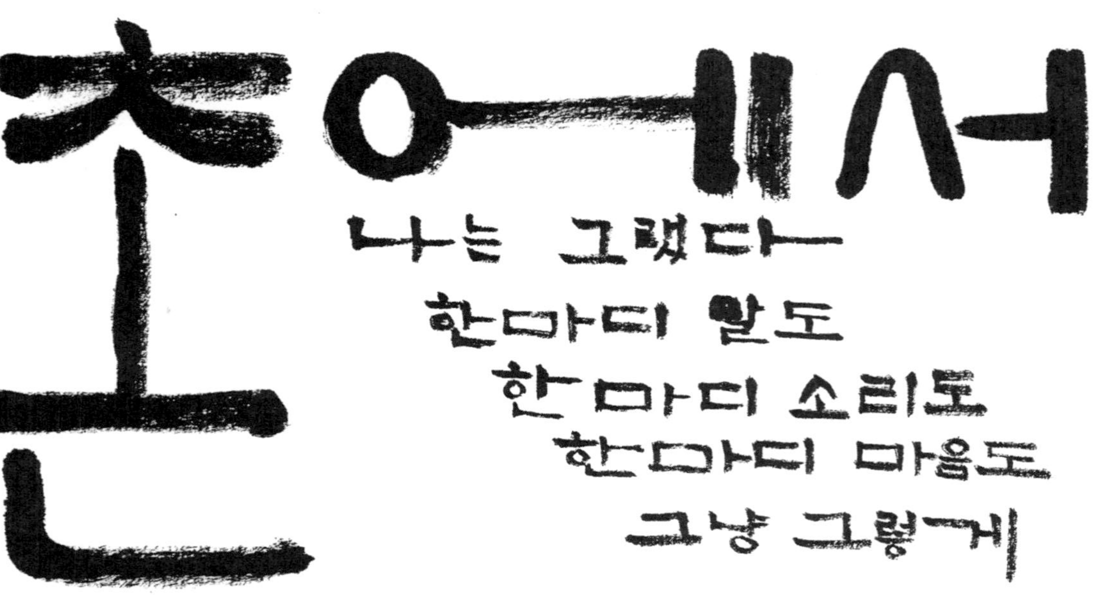
촌에서
나는 그랬다
한마디 말도
한마디 소리도
한마디 마음도
그냥 그렇게

흙과 흙속에
공기와 공기속에
마음과 마음속에

에흙자

자리한 그곳이
그님들 그품이려네.

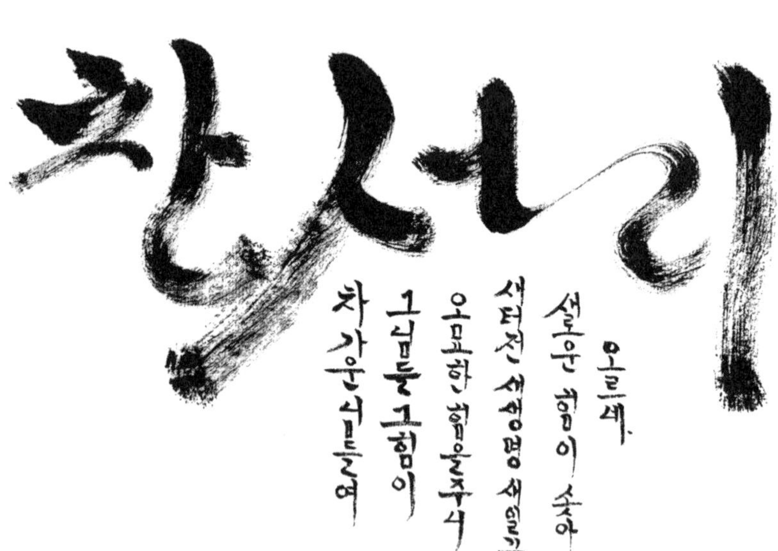
찬서리
오늘에,
설운 힘이 솟아
오묘한 힘을주나
그님들 그힘이

어여쁜 꽃한송이
수많은 고통
수많은 시련
수많은 아픔
견디어
한송이 꽃을 이루었네

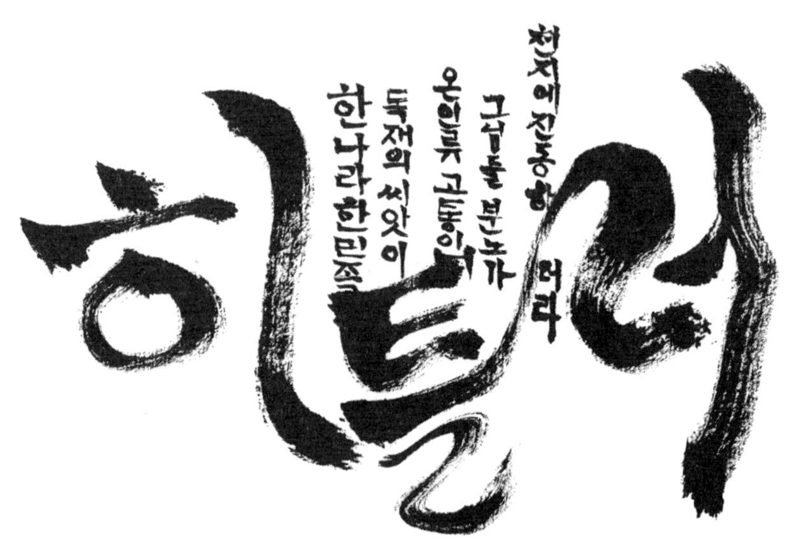
천지에 진동한
러라
온인류 고통이
독재의 씨앗이
한나라 한민족

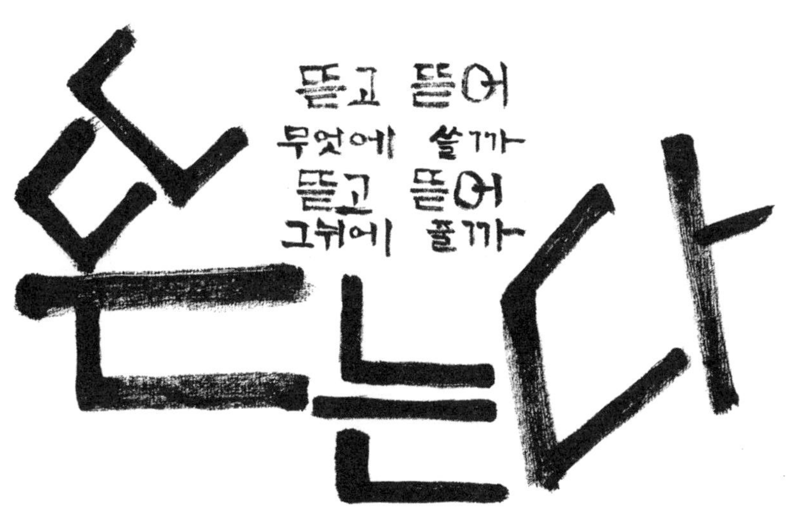
뜯고 뜯어
무엇에 쓸까
뜯고 뜯어
그뒤에 줄까

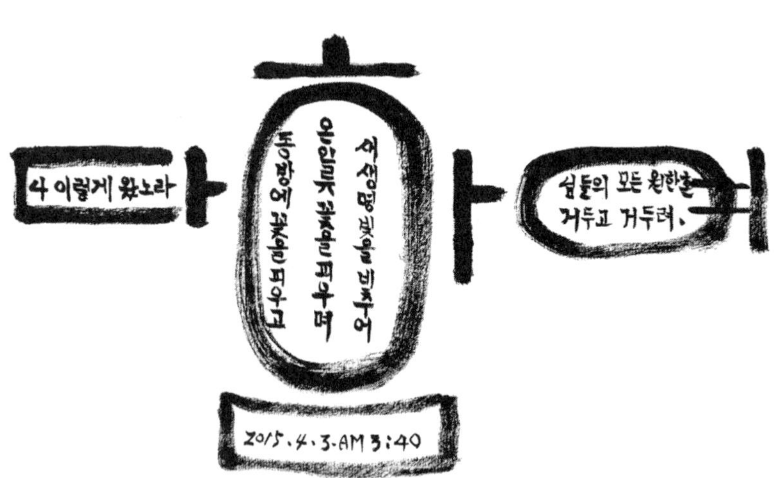
나 이렇게 왔노라
서 생명 빛을 비추어
온인류 꽃을 피우며
동방에 꽃을 피우고
삶들의 모든 원한을
거두고 거두려.
2015.4.3.AM 3:40

시재(侍哉)와 혼의 대화

영광의 빛이시여
모시리라
영혼님 구국심이
모시리라
순국의 선혈심이
떠오르니
보배의 참모습이
순국선열
비로서 높은 정신
모시리라

참혼 양희(良姬)

구국선열 순국열사여
유관순열사 정신 계승자
어질고 착하고 순박하여
역사의 참인물 사임당여
만국의 참역사 동방의빛
양과희는 모두 안고있다

혼과 태유(兌兪)

하늘의 부름을 받아
하늘의 소리를 듣고
하늘의 소리로 전한다.

하늘땅이 감동하며
하늘이 대답하는 소리….

영혼금생 내도(來度)

때를 따라 돌아오는 모두가
좋은법을 찾고 찾아오니
좋은일이 수구촌에 영생여
돌아오고 돌아오니 그법도
아름다워 일월상이 빛나네…

영혼의 영광 경도(京度)

백마강 뚝섬위에
갈매기 날아들고
한강의 마포대교
대망을 안겨주니
백두산 설산두마
그법속에
48억년 세월가니
경도의 대망의꿈
영혼은 안다…

혼령의 탁계(卓界)

영혼님이시여 높으시다
모든설계 그품속에
꿈을안고 눈물뿌려
영혼님의 그품속을 안어
높은설계 높이솟아
빛이여, 빛이시여. 탁계

영혼의 꿈 계남(桂南)

이태백이 계수나무 안고있어
남쪽하늘 봄을 알려주고
달속에 비친 무지개 계남
아름다워 원혼님 품에
오늘기도 계남의 기도다…,

원혼령과 주홍(周紅)

2천만년 39위영가여
눈물빛이 빛어나니
그뜻이
삼천대천 그세계 알리여서
그꿈속에 해탈하니
두루 가을낙엽
곱게 물들어
영혼님이시여 극락가오…

혼이시여 주상(周相)

서로가 뜻이 있어
높이드니
설운산 기슬기에
꽃을 피워
그때가 오도가 아니더냐
오늘의 대뜻이 피어나니
어느덧 그시간 오고있다

고공(古空)과 혼령

옛부터 그러하듯 따라가니
영혼과 정신세계 분별하니
본래가 다비어있어 근본이라
혼이시여 원혼이여 영가시여
고공의 기도소리 들으소서…

원혼힘과 명비(明飛)

밝아오는 아침의 태양빛
천지를 진동하는 명비의빛
쏟아지는 혼의줄에 극락이여
기도소리 원혼님의 꿈이트니
드디어 왔소이다…명비

원혼과 다공(多空)

본래가 그뜻이 위대함이여
만공이 향기로워 깜짝 놀라고
영혼님 손을잡어 다공이루니
그곳이 대원한혼 일깨워 극
락천도 되도다
다공 기도여…

청공(靑空)

신령스런 그자리
차고빔이 어데냐
그님가신 그자리
언제인가 따르리
청공에다 쓰리라

국남(局南)

남쪽바람 향기는
그님들의 뜻인가
흘러흘러 그자리
국남가는 님이여
극락천당 이시여

지유(志兪)

뜻이 뜻을 이루니
끝이 끝을 지워서
그때 그님 떠나니
언제 그시 이루나
지유 세계 펼치네

영령님에게…

221천지 오행 221오장 221오미 221오정을 님께서 주신 그 소식에 천만분의 1이라도 보답코자 영령님의

대뜻을 시로 올리오니 님이시여 인류에게 성현님의 뜻을 이어가게 하소서….

인류최초 영혼청풍박사로서 그님 뜻을 이루오리다.

님이시여 청공의 푸르름으로 이어주소서….

인류에게…

이 시집은 영령님의 뜻이오니 이해가 어려우나 산문시의 흐름으로 낭독하여 보세요….

이 시를 읽음으로 선조제위께서 왕생극락 하시어 지구촌에 성현님으로 반드시 오십니다….

2015년 9월

영혼청풍박사 고공 김 리 원

1집 시제목 : 순국선열 보국영령 구국충혼 애국지사 충효안민 위국애민 충혼열사 보국영웅 부국애혼 혁명구세 숭조영령 고공시재 태유주상 명비청공 탁계계남 다공양희 내도경도 지유국남 주홍세심락….

2집 시제목 : 지구촌은 삼천대천세계 중에서도 아름답고 가장 오묘한 것이오니 영가님들이시여! 조상님들이시여! 이 땅에 오십시오. 저희 후손들은 신성하고 신령스러운 분으로 환생하시옵길 기도합니다….

3집 시제목 : 고공시재 영령의 시는 동방에 빛 대한민국에서 인류 최초 영령에 시를 올리는 것은 인류의 영광이며 삼십조억조의 생명의 빛이라고 한다. 이것은 이십일세기 새로운 빛이 수구촌에 찬란히 뜬다….